Motocicletas
en acción

por Kerry Dinmont

EDICIONES LERNER ◆ MINNEAPOLIS

Nota para los educadores:

En todo este libro, usted encontrará preguntas de reflexión crítica. Estas pueden usarse para involucrar a los jóvenes lectores a pensar de forma crítica sobre un tema y a usar el texto y las fotos para ello.

Traducción al español: copyright © 2017 por ediciones Lerner
Título original: *Motorcycles on the Go*
Texto: copyright © 2017 por Lerner Publishing Group, Inc.

La traducción al español fue realizada por Annette Granat.

ediciones Lerner
Una división de Lerner Publishing Group, Inc.
241 First Avenue North
Mineápolis, MN 55401, EE. UU.

Si desea averiguar acerca de niveles de lectura y para obtener más información, favor consultar este título en www.lernerbooks.com

Library of Congress Cataloging-in-Publication Data

Names: Dinmont, Kerry, 1982– author. | Granat, Annette, translator.
Title: Motocicletas en acción / por Kerry Dinmont ; la traducción al español fue realizada por Annette Granat.
Other titles: Motorcycles on the go. Spanish
Description: Minneapolis : Ediciones Lerner, [2017] | Series: Bumba books en español. Máquinas en acción | In Spanish. | Audience: Ages 4–8. | Audience: K to grade 3. | Includes bibliographical references and index.
Identifiers: LCCN 2016027538 (print) | LCCN 2016029779 (ebook) | ISBN 9781512428797 (lb : alk. paper) | ISBN 9781512429732 (pb : alk. paper) | ISBN 9781512429749 (eb pdf)
Subjects: LCSH: Motorcycles—Juvenile literature.
Classification: LCC TL440.15 .D5618 2017 (print) | LCC TL440.15 (ebook) | DDC 629.227/5—dc23

LC record available at https://lccn.loc.gov/2016027538

Fabricado en los Estados Unidos de América
1 – VP – 12/31/16

Tabla de contenido

Motocicletas

Las motocicletas son

como bicicletas.

Pero las motocicletas

tienen motores.

La mayoría tiene dos llantas.

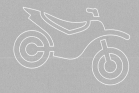

Hay muchos tipos de motocicletas.

Los motociclistas sienten el aire

cuando las montan.

¿Por qué piensas que los motociclistas se inclinan al girar?

Las motocicletas
deportivas son las
más rápidas.
Compiten alrededor
de pistas.
Los motociclistas de las
motocicletas deportivas
se inclinan al girar.

Hay algunas motocicletas todo terreno.

Este motociclista compite con una motocicleta todo terreno.

¿Cómo piensas que estas llantas le sirven a una motocicleta todo terreno?

rampas de tierra

Las motocicletas todo terreno

no necesitan calles.

Pasan volando, dejando atrás

los árboles.

Vuelan sobre rampas de tierra.

Los motociclistas giran una manija para que la motocicleta avance. Los frenos al lado de la manija y del pie la detienen.

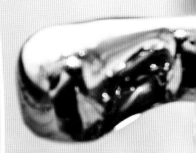

La mayoría de las motocicletas

llevan a una o dos personas.

Los motociclistas usan cascos

y chaquetas para

mantenerse seguros.

¿Por qué deben los motociclistas usar cascos y chaquetas?

Algunas personas conducen sus motocicletas en grupos.

Las conducen alrededor de la ciudad o a través del campo.

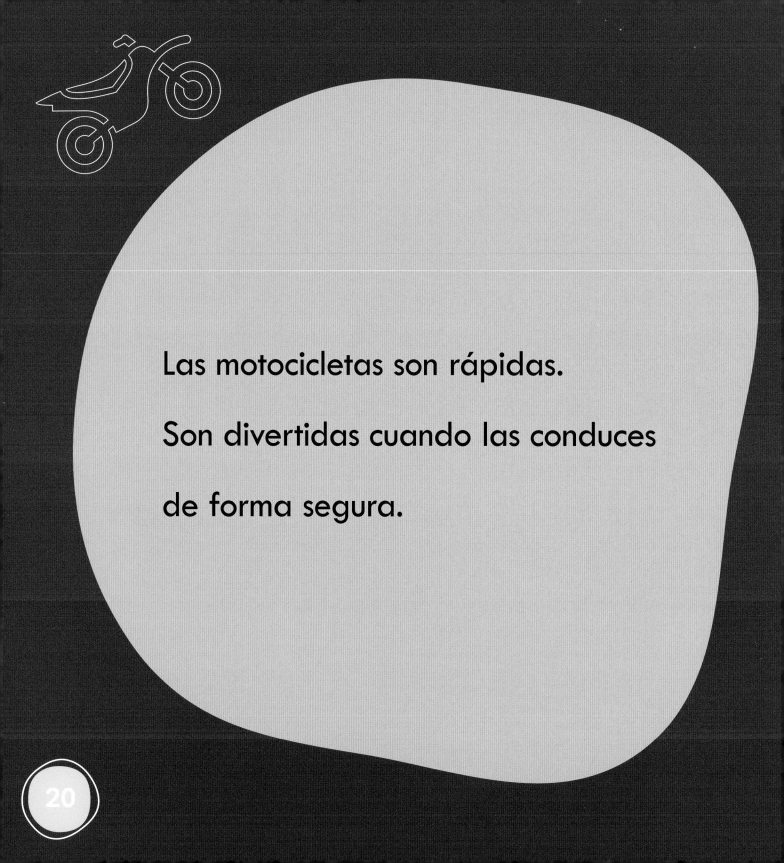

Las motocicletas son rápidas.

Son divertidas cuando las conduces

de forma segura.

Partes de una motocicleta

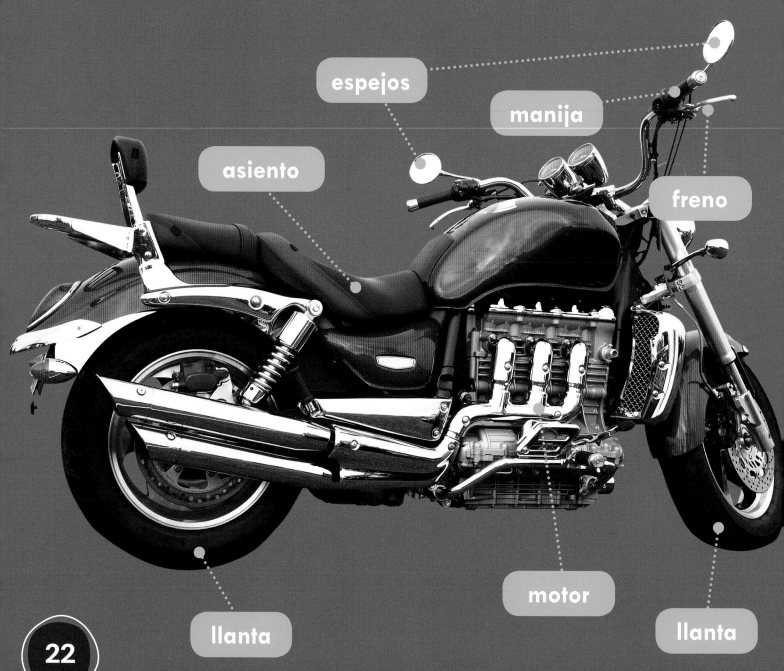

espejos

manija

asiento

freno

llanta

motor

llanta

Glosario de las fotografías

frenos

partes que hacen que un vehículo baje la velocidad o se detenga

motocicletas deportivas

motocicletas hechas para altas velocidades y para competir

motocicletas todo terreno

motocicletas hechas para andar en superficies no suaves

motores

máquinas que hacen que las cosas se muevan

23

Índice

Leer más

Bullard, Lisa. *Supercross Motorcycles*. Minneapolis: Lerner Publications, 2007.

Hill, Lee Sullivan. *Motorcycles*. Minneapolis: Lerner Publications, 2004.

Hill, Lee Sullivan. *Motorcycles on the Move*. Minneapolis: Lerner Publications, 2011.

Crédito fotográfico

Las fotografías en este libro se han usado con la autorización de: © Johnrob/iStock.com, pp. 5, 23 (esquina superior derecha); © Hirkophoto/iStock.com, p. 6; © sweetmoments/iStock.com, pp. 8–9, 23 (esquina inferior derecha); © miws16/iStock.com, pp. 11, 23 (esquina inferior izquierda); © jpbcpa/iStock.com, p. 12; © Andrey Armyagov/Shutterstock.com, pp. 14–15, 23 (esquina superior izquierda); © Stockbyte/Thinkstock, p. 17; © Anna Omelchenko/Shutterstock.com, pp. 18–19; © Marques/Shutterstock.com, p. 21; © Margo Harrison/Shutterstock.com, p. 22.

Portada: © stockphoto mania/Shutterstock.com.